Mara Mittler

Schüler?

Lies mich.

Lohnt sich.

Die Basis einer gesunden Ordnung

ist ein großer Papierkorb.

Kurt Tucholsky

Erste Deutsche Auflage 2019

Bibliografische Information der Deutschen Nationalbibliothek:

Die Deutsche Nationalbibliothek verzeichnet diese Publikation in der Deutschen Nationalbibliografie; detaillierte bibliografische Daten sind im Internet über http://dnb.dnb.de abrufbar.

Herstellung und Verlag: BoD – Books on Demand, Norderstedt

ISBN: 9783749480425

Inhalt

1 ÜBER DIE AUTORIN

Mein Name ist Mara Mittler.

Ich bin Schülerin eines Bonner Gymnasiums. Bereits in der Grundschule war es möglich, durch ein wenig Planung und Organisation Zeit für notwendige, aber wenig geliebte Tätigkeiten einzusparen. So entstand in mir schon früh das Bestreben, durch systematisches Vorgehen zügig mit meinen Pflichtaufgaben fertig zu werden und Zeit für andere Dinge zu haben.

Aus meinen Überlegungen entstand so dieser Schülerratgeber, um auch anderen Schülern den Umgang mit Zeit und organisatorischen Maßnahmen näher zu bringen. Alle in diesem Buch beschriebenen Tipps wurden von mir getestet und für gut befunden.

2 EINLEITUNG

In diesem Buch habe ich Tipps für Schüler zusammengetragen, um ihre Schulsachen, ihre Zimmer und viele weitere Bereiche des Alltags besser zu organisieren.

Auch sind Ideen für Nebenjobs zu finden, um das Taschengeld aufzubessern, auch wenn nicht viel Zeit zur Verfügung steht und man unter 18 Jahren alt ist. Nach jedem Kapitel wurde eine Seite für eigene Notizen und Gedanken eingefügt.

Am Ende jeden Kapitels habe ich einige Exceltabellen angehängt, die dir beim Organisieren helfen sollen.

Nach dem letzten Kapitel (Nebenjobs) habe ich dir eine To-do Liste erstellt, damit du dir, während du das Buch liest, direkt ein paar Sachen aufschreiben kannst.

Ich werde in den einzelnen Abschnitten öfters auf andere Kapitel des Buches verweisen, da sich Zeitmanagement/Ordnung und Co. auf viele Aspekte des Lebens beziehen.

Die Tipps helfen mir jeden Tag, und ich hoffe, dass es auch dir nach diesem Buch leichter fällt, deine Sachen zu organisieren und mehr Zeit zu haben. Viel Erfolg!

3 SCHULE

In diesem Kapitel nenne ich dir viele verschiedene Tipps bezüglich Schule, Hausaufgaben, Lernen usw. Die Tipps sollen dir helfen, mit deinen Hausaufgaben schneller fertig zu werden und deine Schulsachen gut zu organisieren.

3.1 Hausaufgaben

- Trage dir in deinen Schulplaner bzw. dein Hausaufgabenheft immer direkt ein, was du an diesem Tag aufbekommen hast und bis wann du es erledigen musst.
- Wenn du eine Hausaufgabe beendet hast, streiche sie durch oder hake sie ab. So hast du besser im Blick, was du schon gemacht hast und was du noch machen musst.
- Bei Hausaufgaben, bei denen du viel aus der letzten Stunde verwenden sollst, rate ich dir, diese möglichst bald zu machen. Wenn du die nötigen Infos vielleicht sonst vergisst, dauern die Hausaufgaben noch länger.
- Schalte dein Handy bei Hausaufgaben am besten aus und lege es aus deinem Sichtfeld. Denn Handys sind ein großer Störfaktor und lenken dich bei jeder neuen Nachricht und bei Videos ab. Ich weiß, Hausaufgaben sind manchmal echt langweilig, aber mit Handy dauern sie noch länger.

3.2 Besser lernen

- Markiere dir schon während des Unterrichts wichtige Fakten in deinem Buch. Wenn du kein eigenes hast, weil es dir von der Schule gestellt wird, rate ich dir, für wichtige Fächer oder auch bei Sprachen das Buch zu kaufen. Um auch nach dem Unterricht noch alles verstehen zu können, kannst du dir Klebezettel hineinkleben oder Notizen an die entsprechenden Seiten schreiben.

- Zum Lernen benutze ich gerne Merkzettel oder Karteikarten, da sie alles Wichtige kurz zusammenfassen. Schaue dir die Karteikarten oder Merkzettel vor dem Schlafengehen noch einmal an. Verwende anschließend nicht mehr dein Handy, denn dann prägt sich das Gehirn die Informationen, die du lernen musst, als letztes und somit besser ein.

- Wenn ich Vokabeln oder Merksätze lernen muss, schreibe ich mir immer daneben, wie viele Vokabeln etc. es sind. Damit kannst du ganz einfach überprüfen, ob du etwas vergessen hast oder an alles gedacht hast. Das hilft dir auch sehr während einer Arbeit oder einem Test.

- Es gibt mittlerweile auf Youtube viele Videos, mit denen du gut und einfach den Schulstoff wiederholen kannst.

3.3 Lernzettel

- Lern- bzw. Merkzettel sind sehr wichtig vor den Arbeiten, da sie alles Nötige kurz zusammenfassen.
- Markiere dir die wichtigsten Informationen bunt oder unterstreiche sie, damit sie dir direkt ins Auge springen.
- Am Anfang deines Lernzettels solltest du dir eine Übersicht aufschreiben mit allen Über- und Unterthemen. Wenn du diese auch noch nummerierst, findest du die einzelnen Themen in deinen Lernzetteln schnell und einfach wieder.
- Schreibe dir auch wichtige Seiten im Buch auf, die den Unterrichtsinhalt zusammenfassen. Dann musst du nicht so viel aufschreiben, hast aber trotzdem alles Wichtige zusammengefasst.
- Wenn du dir schon während des Unterrichtes Notizen oder Eselsbrücken aufschreibst, hast du es vor der Arbeit leichter, einen Lernzettel zusammenzustellen, mit dem dir das Wiederholen einfacher gelingt.

3.4 Tipps für Klassenarbeiten

<u>Vor der Arbeit</u>

- Trage dir direkt in deinen Kalender ein, wann die Arbeit geplant ist, damit du deine Zeit einteilen kannst.
- Es ist wichtig, früh genug mit dem Lernen anzufangen. Ich beginne normalerweise eine Woche vor der Arbeit und lerne jeden Tag ein bisschen. So habe ich jeden Tag noch Zeit für Hobbies und komme nicht in Lernstress.
- Schreibe dir zum Lernen Vokabel- oder Formelzettel. Weitere Tipps zu Lernzetteln habe ich dir weiter vorne bei „Besser lernen" aufgeschrieben.
- Falls du die Themen für die Arbeit noch nicht gut beherrschst, solltest du jeden Tag ein paar Übungsaufgaben zu dem Thema bearbeiten und diese mithilfe der Lösung oder deiner Eltern korrigieren. Falls dir das Lernen alleine zu langweilig ist, lerne mit einem Freund, sodass ihr euch die Themen beide gegenseitig erklären könnt.

- Vielleicht hilft es dir auch, wenn du dir die Themen noch einmal durch ein paar YouTube-Videos erklären lässt, wenn du keine Möglichkeit mehr hast, den Lehrer zu fragen. Bei Sprachen kannst du dir auch Videos in der entsprechenden Sprache mit deutschem Untertitel anschauen.

- Packe dir für die Arbeit eine Uhr ein, damit du während der Arbeit nicht unterbrechen musst, um zu fragen, wie viel Zeit du noch hast. Ich teile mir, sobald ich die Aufgaben habe, die Zeit ein und schätze ab, wie viel ich ungefähr für eine Aufgabe benötige, damit ich alles pünktlich schaffe und rechtzeitig abgeben kann.

- In der Kategorie Ranzen erfährst du einen weiteren Tipp, um gut vorbereitet in die Arbeit zu gehen.

- Am Ende des Kapitels findest du eine Vorlage zur Vorbereitung der Klassenarbeit, in die du deine offenen Fragen, die du deinem Lehrer noch stellen willst, eintragen kannst.

Während der Arbeit

- Am Anfang solltest du dir die Formeln oder Vokabeln auf dein Blatt schreiben, damit du sie während der Arbeit nicht vergisst und verwenden kannst.

- Beginne mit den Aufgaben, die du kannst, damit du danach mehr Zeit für die schwereren Aufgaben hast und dann nicht in Zeitstress gerätst.

- Stresse dich nicht zu sehr und bleibe konzentriert. Lass dich nicht ablenken, und setz dich am besten dorthin, wo dich keiner stört und du in Ruhe deine Aufgaben erledigen kannst.

- Bei Aufgaben, bei denen du dir nicht sicher bist, solltest du die Aufgabe erst auf einem Schmierblatt lösen. Bei manchen Aufgaben erkennst du direkt, dass die Lösung nicht stimmt. Deshalb ist es gut, nicht immer direkt das Arbeitsheft zu verwenden.

- Setze, wenn möglich, dein Ergebnis in den Rechenweg ein und überprüfe außerdem, ob das Ergebnis realistisch sein kann. Z.B. sind 400 km2 Fliesen keine realistische Oberfläche für ein Badezimmer). Mache dies auch, wenn du mit dem Taschenrechner rechnest, da du dich sehr schnell vertippen kannst.

3.5 Arbeitsplatz

- Dein Arbeitsplatz sollte eine ruhige Stelle in der Wohnung sein, sodass du dich bei deinen Aufgaben konzentrieren kannst. Ich kann verstehen, dass Hausaufgaben manchmal nicht unbedingt spannend sind, aber wenn du dich konzentrierst und nicht ablenken lässt, gehen sie viel schneller und leichter. Falls es also in deinem Zimmer zu laut oder unruhig ist, rate ich dir, einen anderen Platz zu suchen.

- Auch ist es wichtig, dass du einen ordentlichen Arbeitsplatz hast. Es sollten nur die nötigen Dinge auf deinem Schreibtisch liegen. Räume alle Gegenstände, die nichts auf dem Schreibtisch zu suchen haben, weg.

- Auf einem Schreibtisch sollten auch immer ein paar Klebezettel und dein Kalender liegen, um dir wichtige Dinge aufzuschreiben oder nachzugucken.

- Dein Handy sollte auch nicht auf deinem Arbeitsplatz liegen, sofern du es nicht brauchst, da es bei Hausaufgaben eine große Ablenkung darstellt. Mehr dazu schreibe ich im Unterthema „Ablenkungen und Handy".

- Für eine besser Übersicht lege dir Organizer für die einzelnen Fächer oder Themen an. So vermeidest du die Situation, dass du deine Schulsachen oder ein wichtiges Dokument nicht rechtzeitig findest.

- Wichtige Schulsachen, die du vielleicht noch im nächsten Schuljahr gebrauchen kannst, solltest du erstens nicht wegwerfen und zweitens in einen Organizer legen, sodass du die Sachen schnell findest.

3.6 Ablenkungen und Handy

- Das Handy solltest du bei den Hausaufgaben ausmachen bzw. aus dem Zimmer legen. So kannst du in Ruhe deine Aufgaben erledigen und wirst nicht von jeder neuen Nachricht gestört.
- Du solltest grundsätzlich keine Musik bei Hausaufgaben hören, außer wenn du malen oder basteln sollst, da sie dich ablenkt und du viel länger für die Hausaufgaben brauchst.
- Ich rate dir ebenfalls bei Hausaufgabenfragen entweder direkt in der Schule oder privat und nicht in einer Whats App - Klassengruppe deine Freunde zu fragen.

<u>Sinnvolle Anwendungsmöglichkeiten</u>

- Du kannst aber auch sehr sinnvolle Sachen am Handy und Computer machen. Es gibt Apps und Programme, mit denen du Vokabeln, Formeln etc. lernen und üben kannst. Informiere dich über solche Apps und Programme über Suchmaschinen oder in deinem Playstore.
- Manchmal helfen Mindmaps beim Lernen von Zusammenhängen.

3.7 Kalender und Planer

- Lege dir einen Kalender an und trage dort ein, wann du eine Arbeit, Prüfung oder einen Test schreibst. An die Termine mache ich mir noch Klebezettel, damit mir diese direkt ins Auge springen und ich nicht vergesse, mich auf den Test vorzubereiten.

- Im Kalender solltest du deine weiteren Termine planen, damit es dir nicht passiert, dass du zwei Termine zur gleichen Zeit hast. In anstrengenden Wochen kann dir der Kalender sehr durch einen organisierten Tag viel Stress ersparen.

3.8 Ranzen und Rucksack

- Am besten solltest du deinen Ranzen einen Abend vorher packen und überprüfen, ob du alle Hausaufgaben für den nächsten Tag hast.
- Wenn du spezielle Sachen, z.B. Zirkel, besondere Stifte etc. für eine bevorstehende Arbeit benötigst, solltest du diese einen Tag vorher einpacken, damit du sie auf keinen Fall vergisst und dadurch eine schlechtere Note bekommst.

- Falls du einen Spind in der Schule haben solltest, kannst du direkt alle Schulsachen, die du nicht für die Hausaufgaben brauchst, im Spind lassen. Ich hänge auch meine Sportsachen in meinen Spind, damit ich diese nicht den ganzen Tag mitnehmen muss.

3.9 Wochenende und Ferien

- Beginne früh genug damit, dein Zimmer aufzuräumen und Hausaufgaben zu erledigen, um den Rest des Wochenendes oder der Ferien Zeit für schönere Dinge zu gewinnen.
- Auch in den Ferien oder am Wochenende solltest du dir Deadlines setzen, damit du nicht das Aufräumen oder die schulischen Dinge am Ende erledigen musst
- Die Ferien nutze ich auch, um meine ganzen Schulsachen aufzuräumen und auszumisten. Vielleicht kannst du alte Schulsachen auch an jüngere Freunde abgeben.
- Wenn du eine Sprache verbessern musst (z.B. Englisch), aber keine Lust hast, mit deinem Schulbuch zu lernen, kannst du ergänzend englische Filme mit Untertitel anschauen. Dadurch, dass die Schauspieler englisch reden, bekommst du die Sprache sehr gut mit (und vielleicht auch ein paar neue Vokabeln). Durch den deutschen Untertitel verstehst du trotzdem die Stellen, bei denen du die Vokabeln vielleicht noch nicht kennst. Den Tipp kannst du natürlich auch in der Schulzeit

anwenden, aber ich denke, dass du in den Ferien mehr Zeit haben wirst.

3.10 Hausaufgabenplan

Fach	Was	Bis wann	Erledigt

3.11 Plan für Klassenarbeiten

Vorbereitung für die Klassenarbeit	
Fach der Arbeit	
Datum der Arbeit	
Welche Themen? (früh genug den Lehrer fragen)	
im Heft wiederholen	
im Buch wiederholen	
Seiten im Internet	
weitere Übungsaufgaben	
offene Fragen	
Sachen, die ich für die Arbeit brauche (Zirkel, Wörterbuch...)	

3.12 Eigene Notizen

4 ORDNUNG IM ZIMMER

Zimmer aufräumen - darauf hat wirklich keiner Lust. Aber: In einem organisierten und ordentlichen Zimmer fühlst du dich erstens wohler, und zweitens findest du alle deine Sachen sofort ohne großes Gesuche. Meiner Meinung nach ist es auch besser, nach der Schule in ein ordentliches Zimmer zu kommen, als in ein riesiges Chaos (da dadurch auch deine Laune beeinflusst wird).

4.1 Kleiderschrank

- Sortiere zwei- bis dreimal im Jahr deinen Kleiderschrank aus! Es sammeln sich nämlich immer Klamotten an, die du nicht mehr anziehst und die nur im Schrank liegen.
- Die aussortierten Klamotten kannst du verkaufen, Markenklamotten kannst du z.B. auf Ebay oder Momox verkaufen (s. Kapitel 6).
- Für meinen Kleiderschrank habe ich mir Organizer besorgt, damit auch meine Kleidung ordentlich ist und ständiges Suchen nach irgendwelchen Sachen vermieden wird.
- Wenn du einen Klamottenstuhl o.Ä. hast, wo deine schon einmal getragene Kleidung liegt, rate ich dir, auch diesen regelmäßig aufzuräumen (entweder in den Wäschekorb oder in den Schrank). Denn ein unordentlicher „Haufen" Klamotten lässt ein eigentlich ordentliches Zimmer chaotisch erscheinen.

4.2 Aufräumen Grundtipps

- Räume jeden Tag fünf Minuten auf. Damit es nicht langweilig wird, kannst du dir eine Musikplaylist erstellen und jeden Tag ein Lied lang aufräumen.
- Ich setzte mir immer eine Deadline (z.b. Sonntag), damit ich bis dahin alles erledigt und mehr Zeit für Anderes habe.
- Sortiere, während du dein Zimmer aufräumst, direkt Sachen aus, die du nicht mehr brauchst. Diese kannst du dann verkaufen, verschenken oder einfach entsorgen. Es gibt mittlerweile viele Apps, mit denen du deine alten Bücher, Spiele etc. einfach scannen und verkaufen kannst.
- 5-Schrittverfahren zum systematischen Aufräumen deines Zimmers:
  - o Bett
  - o Schreibtisch
  - o Boden
  - o Regale
  - o Mülleimer

Mit diesem Verfahren sollte das Aufräumen noch schneller gehen: Räume Schritt für Schritt die einzelnen Punkte der Liste auf. Damit verhinderst du, dass du nicht weißt, wo du anfangen sollst, und dann beim Aufräumen noch mehr Chaos entsteht.

- Auch deine Schulsachen solltest du regelmäßig aussortieren!

ordentlich

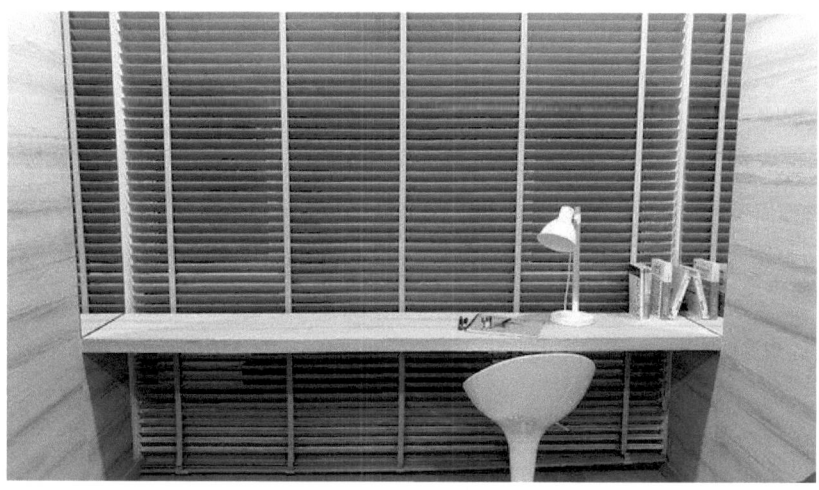

unordentlich

4.3 Ablenkungen vermeiden

Nicht nur auf dem Schreibtisch findest du viele Ablenkungen. Auch dein restliches Umfeld sollte ordentlich und frei von großen Ablenkungen sein. Organizer und Körbe helfen dir, das größte Chaos und die Ablenkung ordentlich im Regal zu verstauen.

4.4 Zimmerplan

To do	Datum	erledigt
Bett		
Schreibtisch		
Boden		
Regale		
Mülleimer		
Kleidung		
Saugen		

4.5 Eigene Notizen

5 FREIZEIT

In der Freizeit willst auch du wahrscheinlich nur deine Freunde treffen, Sport treiben, dich von der Schule erholen, und du hast wenig Lust auf irgendwelche Pflichtaufgaben. Aber mit ein bisschen Planung kannst du deine Pflichten schnell erledigen und hast Zeit für Freunde. Mit den Tipps im Kapitel Nebenjobs kannst du auch einen Teil deiner Freizeit sinnvoll nutzen und bekommst noch ein bisschen Geld.

5.1 Wochenende und Ferien

- Schreibe dir am Anfang des Wochenendes bzw. der Ferien eine Liste, was du alles zu erledigen hast.
- Ich rate dir, auch für jeden einzelnen Tag eine kleine Liste zu schreiben, damit du schneller mit den notwendigen, aber

CHECKLIST

vielleicht nicht immer schönen Aufgaben fertig wirst und Zeit für deine Freunde hast.

- Wenn du die Ferien bzw. das Wochenende gut nutzen willst, ist es wichtig, dass du nicht den halben Tag verschläfst. Am besten stellst du dir dafür einen Wecker.

5.2 Handy und Computer

- Lege bestimmte Zeiten fest, wann du ans Handy gehst, z.B. nach dem Mittagessen. Du kannst auch die Zeit, die du täglich am Handy verbringst, z.b. eine Stunde, über den Tag verteilen. Denn sonst hängst du viel zu lange am Handy und schaffst dann vielleicht nicht alles, was du dir vorgenommen hast.
- Falls du abends nochmal ans Handy gehst, schalte das Licht auf rötlich. Da das bläuliche Licht dem Gehirn das Signal gibt, dass es noch Tag ist, schaltet es deswegen nicht in den ``Ruhemodus''. So kannst du nicht einschlafen und bist am nächsten Tag völlig übermüdet. Bei vielen Handys kann man in den Einstellungen festlegen, von wann bis wann das augenschonende Licht genutzt werden soll. So kannst du, wenn es unbedingt sein muss, abends noch einmal ans Handy, ohne dass es deinen Schlaf stört.
- Falls du Whats App (o.Ä.) besitzt, solltest du folgendes beachten:
  - ○ Stelle den Klingelton aus, sofern du nichts Wichtiges erwartest, denn dieser lenkt dich bei jeder neuen

Nachricht ab, was auch für deine Mitmenschen anstrengend werden kann.

- o Falls du etwas Wichtiges zu klären hast, rate ich dir aus Erfahrung, lieber anzurufen, da du dann direkt eine Antwort bekommst.

- Aber nicht nur bei Hausaufgaben sind elektronische Geräte eine Ablenkung, sondern auch im normalen Alltag, da du vielleicht die Zeit vergisst und einen Termin verpasst.

5.3 Wochenplan

Mein Wochenplan			
Montag	Dienstag	Mittwoch	Donnerstag
Freitag	Samstag	Sonntag	Notizen

5.4 Eigene Notizen

_____

_____

_____

_____

_____

_____

_____

_____

_____

_____

_____

_____

_____

_____

_____

_____

_____

_____

_____

_____

_____

_____

6 NEBENJOBS

Falls du dein Taschengeld aufbessern willst, aber neben Freizeitaktivitäten und Schule nicht so viel Zeit hast, sind hier ein paar Ideen wie du ohne viel Aufwand und unter 18 Jahre Geld verdienst.

6.1 Freunde, Bekannte und Co.

- Du kannst für deine Familie und deine Nachbarn jedes Wochenende einen Brötchenlieferservice anbieten. Informiere dich aber vorher, ob es eine Bäckerei in deiner Nähe gibt, die du z.B. mit dem Fahrrad erreichen kannst. Pro Lieferung kannst du dann einen kleinen Betrag „verlangen". Hinten im Kapitel findest du eine Vorlage.
- Falls jemand in deinem Freundes- oder Verwandtenkreis ein kleines Kind hat, kannst du fragen, ob du gegen Bezahlung babysitten kannst. Zum Anfang kannst du es ja auch erst einmal für ein paar Stunden ausprobieren.
- Frage deine Eltern, Großeltern oder Nachbarn, ob du etwas im Haus (z.B. putzen) oder im Garten (z.B. Unkraut entfernen) erledigen kannst, um dir noch etwas zu verdienen.
- Genauso kannst du, falls du jemanden in deinem Bekanntenkreis mit Tieren hast, die Versorgung der Haustiere übernehmen, z.B. wenn die Besitzer im Urlaub sind oder lange arbeiten müssen.

- Du kannst auch deine Nachbarn fragen, ob du, während sie im Urlaub sind, ihre <u>Pflanzen versorgen</u> kannst. So kriegst du ganz einfach mit wenig Aufwand etwas Geld.

- Im Winter kannst du deinen Nachbarn anbieten, jeden Morgen (oder nur am Wochenende, falls du es in der Schulzeit nicht schaffst) <u>Schnee zu räumen</u>. Das ist nicht sehr zeitaufwändig und bringt auch etwas ein.

- Du kannst auch deine Freunde und Klassenkameraden oder andere in deinem Alter fragen, was sie machen, um Geld zu verdienen. Vielleicht findet ihr etwas <u>zusammen</u>, was ihr machen könnt.

6.2 Schule

- Frage in deiner Schule, ob dort Nachhilfe organisiert wird und ob du dort Nachhilfe geben könntest. Ansonsten kannst du dich erkundigen, ob es vielleicht in deiner Nähe die Möglichkeit gibt, Nachhilfe anzubieten (du kannst einen Aushang im Supermarkt, in der Schule oder bei Bekannten machen).

6.3 Verkaufen

- Du hast bestimmt ein paar Sachen, die du nicht mehr brauchst (z.B. altes Kinderspielzeug, Bücher etc.), oder deine Geschwister, Eltern oder Großeltern haben noch etwas, das sie nicht mehr benötigen. Wenn du genug Dinge hast, kannst du entweder vor deiner Haustür (oder im Garten) einen Flohmarkt veranstalten, oder du baust dir einen Stand bei einem Flohmarkt in deiner Nähe auf. Vielleicht haben deine Freunde auch Lust darauf. Dann könnt ihr zusammen einen Stand mieten.
- Wenn du viel aussortierst, aber keinen Platz oder keine Zeit für einen Flohmarkt hast, kannst du deine Sachen auf www.ebay-keinanzeigen.de oder Shpock verkaufen und ggf. sogar von den Käufern bei dir abholen lassen.

- Mit Momox und Rebuy kannst du deine aussortierten Filme, CDs, Spiele und Bücher ganz einfach verkaufen. Ich habe es auch schon getestet und es ging wirklich schnell, da man die Barcodes der aussortierten Dinge ganz einfach mit dem Handy einscannen kann. Du kannst natürlich auch die ISBN der Artikel eingeben.

- Du musst deine gebrauchten Klamotten entweder im Internet verkaufen oder sie zu einem Secondhandshop bringen. So bekommst du direkt das Geld, und musst nicht erst auf einen Käufer im Internet warten. Es ist zwar nicht unbedingt viel, dafür bist du auf einen Schlag alle aussortierten Sachen los (manche Secondhandshops nehmen auch Spiele, Bücher, Schmuck, Taschen...).

6.4 Apps, Programme und Internet

- Bei moviepanel bekommst du Geld, indem du Umfragen zu Kino und Film beantwortest. Besonders ist die Meinung von 16-20-Jährigen interessant.
- Auch mit Umfragen im Internet kannst du Geld verdienen. Allerdings geht das frühestens mit 13 Jahren, und du solltest dich vorher mit deinen Eltern darüber informieren, welche Daten du angeben musst. Als App gibt es z.B. Poll Pay.
- Wenn du gerne Fotos postest und ein Hobbyfotograf bist, empfehle ich dir Fotolia Instant. Da bekommst du für deine gemachten Fotos Geld.
- Mit Slidejoy (im Moment nur für Android) bekommst du Geld dafür, dass immer auf deinem Sperrbildschirm Werbung angezeigt wird. Wenn dich das nicht stört, ist das auch eine gute Idee, um noch etwas zu verdienen.
- Mit den Apps Applike oder AppStation kannst du mit dem Herunterladen und Spielen von Apps Geld verdienen. Zwar verdienst du nicht so viel, andererseits macht Spielen viel Spaß.
- BeMyEye bezahlt dich für kurze Aufträge in den Geschäften in deiner Nähe. Das kannst du einfach mit deinem Handy in der Freizeit machen. Es bietet sich auch an, wenn du sowieso mal in der Stadt bist.
- Mittlerweile gibt es auch viele Apps, bei denen du für Schritte Geld bekommst. Da du ohnehin jeden Tag läufst, ist das eine gute Möglichkeit, ohne Extraaufwand Geld zu verdienen.

- Du kennst deine Interessen am besten, deswegen rate ich dir, dich in deinem Playstore nach der besten App für dich zu erkundigen.

6.5 Sonstiges

- Du kannst auch Zeitungen austragen. Weitere Informationen erhältst du im Internet, bei Kirchengemeinden, Supermärkten usw. Allerdings ist das Austragen etwas zeitaufwändiger, deswegen solltest du dich auch informieren, ob du es zeitlich überhaupt schaffst.
- Außerdem kannst du in deinem Sportverein fragen, ob du die jüngeren Kinder als Trainer trainieren darfst. Vielleicht werden auch Feriencamps angeboten, bei denen du helfen und dir etwas dazu verdienen kannst. So machst du deinen Lieblingssport und verdienst nebenbei etwas Geld.

6.6 Beispielformular für einen Brötchenbestelldienst

Brötchenbestellung von

Name:	
Lieferdatum:	

	Anzahl	Einzelpreis	Gesamtpreis
normal		0,30	
Käsebrötchen		0,80	
Sesambrötchen		0,60	
Mohnbrötchen		0,60	
Kartoffelbrötchen		0,80	
Lieferservice-Gebühr	**1**	**0,50 €**	

6.7 Vorlage für Ferienjob-Bilanz

Job	Datum	Verdienst
Summe an Verdienst:		

6.8 Eigene Notizen

_____

_____

_____

_____

_____

_____

_____

_____

_____

_____

_____

_____

_____

_____

_____

_____

_____

_____

_____

7 TO-DO-LISTE

- ○
- ○
- ○
- ○
- ○
- ○
- ○
- ○
- ○
- ○
- ○
- ○
- ○
- ○
- ○
- ○
- ○
- ○
- ○
- ○
- ○

8 SCHLUSSWORT

Ich hoffe, dass du in diesem Buch einige Tipps gefunden hast, mit denen du deinen Alltag planen und dein Zimmer ordentlich halten kannst.

Viele von den Themen wie z.B. Zimmer aufräumen, Hausaufgaben machen etc. machen dir wahrscheinlich nicht immer Spaß, aber durch dieses Buch lernst du, deine Zeit gut zu nutzen sowie deine Pflichtaufgaben schnell und ordentlich zu erledigen, damit du mehr Zeit für anderes hast. Du wirst merken, dass durch Ordnung die ganzen Aufgaben gar nicht so lange dauern, wie du vielleicht denkst!

Ich wünsche Dir weiterhin viel Erfolg!

Mara Mittler

9 ANHANG

9.1 Anmerkung und Haftungsausschuss

Zur Vereinfachung der Lesbarkeit wurde im Text nur die männliche Form verwendet. Mit z.B. „Schüler" ist damit selbstverständlich sowohl die männliche als auch die weibliche Erscheinungsform gemeint.

Auf die Verfassung dieses Ratgebers wurde größte Sorgfalt verwandt. Die Verfasserin haftet nicht für mögliche Auslassungen oder Fehler im Text, ebenso wenig für Folgen, die sich aus der Verwendung des Inhalts dieses Ratgebers ergeben.

9.2 Unbezahlte Werbung

In diesem Buch hast du öfters die Namen verschiedener Apps und Websites gelesen. Dafür werde ich nicht bezahlt. Ich möchte dir nur Arbeit ersparen, indem ich dir verschiedene Sachen vorschlage, von denen du vielleicht die eine oder andere ausprobierst und für dich entdeckst.

9.3 Quellen

Bilder: www.pixabay.de; www.doc-doc.info

10 DANKSAGUNG UND WERBUNG

Ich möchte mich bei meiner Familie und besonders bei meinem Vater für die hilfreiche Unterstützung und ihre Tipps bedanken.

Tipps für Alltag und Sport mit einem künstlichen Gelenk

Dr. med. Michael A. Mittler

Expertenratgeber für den Umgang mit einer Prothese für Patienten

mit neuem Hüftgelenk oder Kniegelenk

Auch als E-Book erhältlich und auf Englisch.

www.doc-doc.info

ISBN: 9783746082714